AF319088

COLIGNY

—

AGRIPPA D'AUBIGNÉ

PAR

Alph. LEVRAY

PARIS

J. BONHOURE ET Cⁱᵉ, ÉDITEURS

48, RUE DE LILLE, 48

LAUSANNE

H. MIGNOT, ÉDITEUR

7, PRÉ-DU-MARCHÉ, 7

—

1877

COLIGNY

AGRIPPA D'AUBIGNÉ

IMPRIMERIE D. BARDIN, A SAINT-GERMAIN

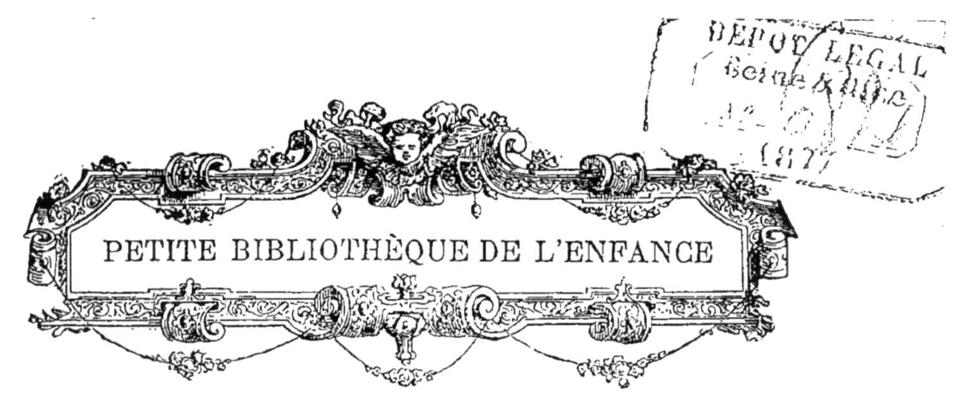

COLIGNY

AGRIPPA D'AUBIGNÉ

PAR

ALPH. LEVRAY

PARIS

J. BONHOURE ET Cie, ÉDITEURS

48, RUE DE LILLE, 48

—

1877

GASPARD DE COLIGNY[1]

Dans la cour d'honneur d'un château dominant la ville de Châtillon-sur-Loing (Orléanais), un petit garçon s'amusait ou plutôt s'exerçait avec des jouets. Il y a de cela environ trois cent soixante ans. Ces jouets, comme presque tous ceux que l'on donne encore de nos jours, étaient des armes de petit modèle : l'enfant, coiffé d'un léger casque, avait endossé une mince cuirasse, et ses mains délicates prenaient peine à tenir une courte pique qu'il portait pourtant avec une allure toute militaire.

C'était le troisième fils d'un vaillant homme de guerre, Gaspard de Coligny, premier du nom, qui avait pris part, sous Charles VIII, à l'expédition de Naples, puis à la conquête du Mila-

1. Nous avons largement profité, dans ce modeste travail, de l'excellente *Vie de Gaspard de Coligny*, par M. A. Meylan, éditée par la Société des Traités religieux de Paris ; nous avons aussi puisé dans le *Bulletin* publié par la Société de l'histoire du protestantisme français.

nais, par Louis XII ; il avait commandé un corps
de troupes à Aignadel, un autre à Marignan,
sous François Ier, qui l'avait créé maréchal de
France, et lui avait confié le gouvernement de
Champagne et de Picardie.

L'enfant aperçut tout à coup une compagnie
de soldats descendant dans la cour. Son père
était à leur tête. C'était l'heure où l'on s'exerçait au maniement des armes, piques ou arquebuses ; l'enfant profita, pendant une manœuvre,
d'un mouvement de conversion pour se placer
derrière le dernier soldat, et passa devant son
père en imitant les hommes d'armes.

— Venez ici, Gaspard, appela le maréchal
en souriant ; venez, mon fils, il vous faut maintenant commander la manœuvre.

— A vos ordres, monsieur mon père, répondit l'enfant dont les yeux brillaient de la joie la
plus vive ; me donnerez-vous votre épée ?

— La voici ; tenez-la bien, Gaspard.

La saisissant à deux mains, le petit soldat,
promu officier par la volonté paternelle, se plaça
devant les hommes d'armes, et de sa faible
voix ordonna l'exercice comme un vétéran. Il
censura les faux mouvements, gourmanda
plusieurs hommes dont la tenue laissait à dési-
rer, jusqu'à ce qu'enfin, la joue empourprée
et perlée de sueur sous son casque, sentant
la fatigue l'envahir, il appela hors des rangs le
piquier qui s'était le mieux tiré d'affaire, et
d'un air affable et digne, lui tendant l'épée :

— C'est ainsi, dit-il, que je traiterai toujours ceux qui rempliront bien leur devoir.

Puis il commanda le défilé, en se plaçant à la tête de la troupe, et passant devant le maréchal il le salua de son épée.

Dès ce jour-là Gaspard obtint la permission de s'exercer aux armes avec les domestiques de la maison. Mais ceux-ci, plutôt enclins aux services de la cuisine ou du cellier, de l'office ou du jardin, qu'à parader avec une arme, causaient de fréquents chagrins à leur jeune chef, qui perdait patience, se livrait à la colère et adressait de violents reproches à ses soldats d'occasion. Cependant jamais il ne se servit du bâton qu'on lui avait remis pour les discipliner.

Gaspard était né le 15 février 1517, dans ce château de Châtillon-sur-Loing, d'une famille ancienne et puissante, originaire de Coligny, dans la Bresse [1]. Elle était venue s'établir en France au XV\ :sup:`e` siècle, après la réunion de sa province à la couronne.

Le maréchal de Châtillon, sire de Coligny, avait épousé, en 1514, Louise de Montmorency, femme pieuse, d'un grand caractère et de beaucoup d'énergie. En 1522, le maréchal mourut après une courte maladie, en allant au secours de Fontarabie, place forte sur les frontières

---

1. Coligny et Châtillon sont maintenant deux chefs-lieux de canton : le premier dans le département de l'Ain, le second dans celui du Loiret.

1.

d'Espagne. Il laissait quatre enfants, Pierre, qui mourut à vingt ans, Odet de Châtillon, Gaspard, le futur amiral, et François d'Andelot. Ces trois derniers devaient léguer à la Réforme française un immortel souvenir d'héroïsme et de douleur.

Louise de Montmorency se consacra dès lors à l'éducation de ses fils. Elle en confia la tutelle à son frère le connétable de Montmorency. Le savant Nicolas Bérault fut leur précepteur, et ils reçurent leur instruction militaire d'un gentilhomme, Guillaume de Prunelay, que le connétable avait heureusement choisi parmi les plus braves et les plus honnêtes de ses compagnons d'armes.

Gaspard se montra avide d'instruction, il étudiait avec assiduité les langues et la philosophie, mais sans posséder la facilité d'apprendre, la souplesse d'esprit et les brillantes aptitudes de son frère Odet ; toutefois il était docile, appliqué, sérieux, plus qu'aucun enfant de son âge, et l'on pouvait prévoir qu'avec son caractère patient il surmonterait les obstacles. Le voyant si bien disposé et de si bonne conduite, son oncle de Montmorency pensa qu'il deviendrait un excellent dignitaire de l'Église. Le pape avait offert au connétable un chapeau de cardinal pour un membre de sa famille : Gaspard, étant le troisième fils, ne pouvait aspirer à la fortune paternelle. Il avait atteint sa quatorzième année, c'était le moment de manifester sa vocation.

Son premier mouvement, en entendant la proposition de son oncle, fut de jeter ses livres en déclarant qu'il détestait l'étude si elle devait le faire entrer dans la carrière ecclésiastique. On mit tout en œuvre pour décider Gaspard à accepter la pourpre ; sa mère joignit ses instances à celles du connétable.

« Je n'ai jamais entendu dire du bien d'un cardinal, répondit le jeune garçon, et chaque fois qu'on me parle de ces gens, c'est pour les blâmer. Or, j'espère obtenir la vie éternelle ; mais je craindrais d'en être privé si je me revêtais d'un froc écarlate. »

Alors, les parents de Gaspard prièrent son précepteur, Nicolas Bérault, qui avait beaucoup d'influence sur son élève, d'agir sur lui par tous les moyens de persuasion, lui représentant les avantages de la haute position qui lui était offerte. Bérault se montra digne de la confiance qu'on avait en lui, et sa conscience lui dicta de nobles paroles qu'on a résumées ainsi :

« Tout ce qu'on appelle bonheur en ce monde est mis à vos pieds, vous n'avez qu'à l'accepter. Vous serez, vous et votre famille, dans une condition si élevée que l'on recherchera votre faveur avec plus d'empressement que celle d'un roi. Les plus grands seigneurs seront vos inférieurs, et vous ne rencontrerez vos égaux que parmi les têtes couronnées. Mais je ne vous cacherai pas qu'une telle position exigera de vous le sacrifice de votre conscience et de votre vertu. Vous ne goûterez d'autre satisfaction que celle de l'ambition, et vous savez vous-même dans quel abîme cette passion vous entraînera à la fin. »

En entendant énumérer les brillantes positions que lui procurerait, à lui et aux siens, la pourpre cardinalice, Gaspard avait été ému, mais son visage avait pris aussitôt une expression de mécontentement ; enfin, s'illuminant d'une grande joie aux derniers mots de son professeur.

« Jamais, s'écria-t-il, je ne revêtirai l'habit ecclésiastique, je ne puis ; personne ne peut changer ma résolution. »

L'oncle et la mère cédèrent enfin ; cependant Anne de Montmorency tenait à cette pourpre, et il jeta alors ses vues sur Odet de Châtillon, le deuxième fils de sa sœur, jeune homme d'un caractère aimable et généreux. Celui-ci accepta. Il était dans sa dix-septième année. Plus tard, suivant l'exemple de ses frères, il entra dans l'Eglise réformée, en renonçant à son tour aux honneurs et aux riches bénéfices qu'il tenait de la cour de Rome.

En 1534, un an après qu'Odet de Châtillon avait pris rang parmi les princes de l'Eglise, Pierre de Coligny, l'aîné de la famille, mourut prématurément ; Gaspard devint ainsi comte de Coligny et chef de cette illustre maison. I avait poursuivi son instruction militaire ; pour la compléter en entrant dans l'armée selon son rang, il devait, selon l'usage du temps, être présenté à la cour. François Ier l'accueillit avec sa grâce royale habituelle, mais ne lui accorda aucune charge, le connétable étant alors sous le coup d'une quasi-disgrâce.

Le caractère grave et franc de ce jeune homme de vingt-deux ans ne s'accordait guère avec les habitudes frivoles des courtisans. A plusieurs reprises Coligny manifesta son mépris pour cette société corrompue ; il ne voulut prendre aucune part aux intrigues de toute sorte, aux querelles de parti qui divisaient cette cour. Les courtisans se vengèrent du jeune censeur par leurs railleries. La chasse et le jeu devinrent ses seules récréations ; il s'y adonna même avec une fougue qui l'écarta de ses principes austères. Cet égarement fut heureusement de peu de durée, et Coligny revint à ses devoirs. Il fut moins heureux contre un ennemi plus puissant, à ce qu'il paraît : un penchant excessif au sommeil. Peut-être avait-on négligé, dès son enfance, de combattre cette disposition ; Coligny en souffrit longtemps. Il ne parvint à s'y soustraire, même lorsqu'il commanda les armées, qu'en se faisant réveiller souvent par ses domestiques. Le meilleur moyen qu'il employa fut une extrême sobriété.

La cour de François Ier était livrée à deux partis, qui se disputaient le pouvoir. D'un côté, le connétable de Montmorency, représentant de l'ancienne noblesse française, de l'autre, Claude de Lorraine, cinquième fils de René II, duc de Lorraine. Claude s'était distingué à Marignan, avait battu les Anglais à Hesdin (1522), et repoussé l'invasion des paysans alsaciens et souabes en Lorraine (1525); François Ier avait érigé son comté de Guise en duché-pairie. Claude avait épousé Antoinette de Bourbon, dont la famille régnait sur la Navarre. Ce fut ainsi que commença cette famille qui devint si influente sous les derniers Valois.

Claude avait deux fils ; l'aîné, François, était alors un jeune homme rempli d'aimables qualités, de celles qui attirent les cœurs. A cet âge, d'ailleurs, on ne dévoile guère ses convoitises, et la vivacité de son caractère, qui semblait de la franchise, ne rencontrant pas d'opposition, ne s'était pas encore manifestée en irascibilité, en haines ardentes qui devaient l'entraîner si loin. Le second fils de Claude, Charles, devait être le fameux cardinal de Lorraine.

Coligny, comme tous les jeunes gens, sentait la valeur de l'amitié; il vit François de Lorraine et l'aima. Ils furent bientôt liés d'une étroite amitié, laissant de côté les rivalités qui séparaient la maison de Montmorency de celle de Guise. Tout était commun entre eux, ils portaient des vêtements semblables, habitaient ensemble, se livraient aux mêmes travaux, partageaient les mêmes plaisirs, avaient mêmes amis ou adversaires. Qui leur eût dit alors qu'ils deviendraient ennemis mortels, eût reçu de chacun d'eux le plus loyal démenti.

Pour la cinquième fois sous le règne de François Ier (1515-1547) la guerre se déchaîna en 1542. Le roi la déclara à son constant rival Charles-Quint. L'héritier de la couronne, plus tard Henri II, fut mis à la tête de l'armée destinée à envahir le Roussillon, appartenant alors à l'Espagne ; le second fils du roi fut envoyé à la conquête du Luxembourg, sous la direction du duc de Guise. Dans cette première campagne, qui fut courte et heureuse, François de Lorraine et Coligny rivalisèrent d'ardeur et de vaillance, à tel point que le duc de Guise dut intervenir. Craignant pour son fils, qui accompagnait le téméraire Coligny au plus fort de la mêlée, aux assauts, aux postes les plus périlleux, il appela près de lui ce dernier, afin de lui recommander la prudence.

« Le véritable guerrier, lui dit-il, ne recherche pas le danger, mais l'attend pour y résister d'autant mieux. Vous êtes jeune, sans doute, mais ce qui fait le plus bel ornement du jeune soldat, c'est l'union de son impétuosité avec la fermeté de l'homme fait et la sagesse du vieillard. Puis, en exposant votre propre vie, vous compromettez celle de votre ami ; or, n'en faites-vous pas plus de cas que de passer pour le plus vaillant soldat de l'armée ? »

Cet avertissement alla au cœur de Coligny, il comprit les conseils du père, l'intérêt affectueux de son chef, et dès lors il mit un frein à son audace et s'appliqua en toute occasion à dédaigner la vaine gloire pour ne s'attacher qu'au véritable courage. Blessé au siége de Montmédy, il montra une grande patience sous la main inhabile d'un chirurgien qui le fit plus souffrir que l'épée de l'ennemi.

La guerre continua en 1543. Le Luxembourg, qui avait été abandonné par l'armée française, puis repris par les Impériaux, fut reconquis. La réputation militaire de Coligny grandissait : à la fin de la campagne il s'était signalé par la défaite d'une partie de la cavalerie ennemie. Le roi lui confia la mission difficile de pacifier les Rochellois révoltés.

L'année suivante, la guerre se poursuivant en Italie sous la conduite du comte d'Enghien, frère d'Antoine de Bourbon, Coligny et son frère d'Andelot prirent part à cette campagne. Au combat terrible de Cerisolles, la victoire étant restée aux Français, le général reconnut que c'était principalement aux deux frères qu'était dû le succès ; il les arma chevaliers sur le champ de bataille, ce qui était le plus grand honneur qu'ils pussent recevoir. Coligny fut bientôt nommé colonel d'un régiment. Il y commença la réforme disciplinaire qu'il introduisit plus tard dans toute l'armée française. En même temps il donnait l'exemple d'une conduite réglée et s'adonnait aux exercices de piété dans son intérieur.

« Je sais bien, disait-il, que la véritable dévo-
tion ne consiste pas à paraître ; d'un autre côté,
les seigneurs doivent pourtant montrer à leurs
subordonnés qu'ils ont une foi, et qu'ils ne tien-
nent pas pour superflu de craindre Dieu. »

Il prenait soin des pauvres et des infirmes,
avait à ses gages des gardes-malades dans ses
propriétés de Châtillon, accordait des pensions
aux nobles sans fortune, et couronnait sa bien-
faisance par l'établissement d'écoles. Cependant
cette piété, quoique sincère, n'était pas bien
affermie. Peu à peu il se mêla aux intrigues de
la fin du règne de François Ier, qui mourut en
1547. Le vieux connétable de Montmorency
luttait toujours pour conserver la puissance, et
son neveu le suivit dans une voie qui mène aux
actes les plus regrettables. Heureusement Dieu,
qu'il abandonnait, ne l'abandonna pas.

Henri II aimait beaucoup Coligny, qui avait
tenu son parti sous le règne précédent ; il lui
confia la charge de colonel général de l'infanterie, et le nomma chevalier de l'ordre de Saint-
Michel (fondé par Louis XI en 1469, aboli à la
révolution de 1830). Coligny avait à peine trente
ans ; son ambition devait être en partie satis-
faite. Mais Dieu lui réservait un trésor : le
16 octobre 1547, il épousa Charlotte de Laval,
d'une illustre maison, femme douée de qualités
aimables et solides, qui sut gagner le cœur de
Coligny, et par sa piété véritable contribua à
l'amener à la religion de l'Evangile.

A cette époque, l'armée était un ramassis de mercenaires; en campagne pillant et commettant tous les excès, en temps de paix voués à la paresse, à l'ivrognerie, à tous les vices. Coligny avait réformé son régiment en le soumettant à une discipline rigoureuse qu'il voulut étendre à toute l'armée française. Il dressa les troupes d'abord par des exercices réguliers, et cette activité favorisa la réforme des mœurs. Des règlements sévères interdirent les jurements et tous les écarts auxquels s'étaient jusqu'alors livrés les soldats. Ceux-ci murmurèrent d'abord, puis ils obéirent, et enfin reconnurent que leur chef méritait le plus profond respect, la plus vive affection. Ces règlements furent sanctionnés en 1550 par ordonnance royale. Coligny les appliqua avec une salutaire fermeté, et l'armée française devint dès lors une école d'honneur.

« Ces ordonnances, dit Brantôme, écrivain de l'époque, ont été les plus belles et les plus politiques qui furent jamais faites en France, et par elles les vies d'un million de personnes ont été conservées, et autant de leurs biens et facultés; car auparavant ce n'était que pillerie, volerie, brigandage, rançonnement, meurtres parmi ces bandes. Voilà donc l'obligation que le monde doit à ce grand personnage. »

La réforme évangélique s'était étendue dans une grande partie de l'Allemagne. Pour réduire les princes protestants, l'empereur Charles-

Quint leur faisait la guerre. Henri II, formant alliance avec Maurice de Saxe, se dirigea vers la frontière. Il s'empara de Metz, Toul et Verdun, villes libres impériales, qu'on appelait aussi les Trois-Evêchés. Coligny contribua puissamment à ces succès, et le roi lui conféra la dignité d'amiral, qui plaçait sous sa direction tous les ports de mer, et tout le littoral de la France, jusqu'à cinq lieues dans l'intérieur des terres. La charge de colonel général de l'infanterie passa à d'Andelot, alors prisonnier de guerre en Italie, qui n'entra en possession de ce grade qu'à sa libération.

Charles-Quint ayant fait la paix avec Maurice de Saxe à Passau, entra en Lorraine et vint assiéger Metz que défendit vaillamment François, devenu duc de Guise à la mort de Claude son père en 1550. Après avoir perdu trente mille hommes, l'empereur dut se retirer le 1er janvier 1553. Ce sera l'éternelle gloire de François de Guise, de nous avoir conservé Metz par sa valeur et ses talents, qu'il rehaussait encore par son humanité envers les blessés abandonnés par l'ennemi. Rappelons qu'on lui doit aussi la reprise de Calais (1558), que les Anglais gardaient depuis deux siècles sur le territoire national.

Les relations entre Guise et Coligny, déjà tendues, subirent alors une atteinte sérieuse, qui s'accentua de plus en plus ; elles se brisèrent pour toujours après la victoire de Renti, en

Artois, le 13 août 1554, succès dont les deux rivaux se disputèrent la gloire.

En 1557, Coligny parvint au faîte du bonheur et des grandeurs terrestres. Gouverneur de Picardie, de l'Ile-de-France qui comprenait la capitale, il était autorisé à se faire accompagner par une garde d'honneur de cent jeunes gentilshommes, distinction réservée jusque-là aux princes de la famille royale. Il avait deux fils, Gaspard et François, une fille, Louise. Tout lui souriait dans la vie. Il était arrivé au moment que Dieu avait choisi pour ses desseins.

Henri II avait conclu, en 1556, la trêve de Vaucelles avec Philippe II, fils et successeur de Charles-Quint qui avait abdiqué la couronne. Le roi rompit cette trêve malgré l'avis de Coligny. Une armée espagnole envahit aussitôt notre frontière du nord, et s'avança jetant la terreur en France, après avoir battu l'armée commandée par le connétable. Pour arrêter l'ennemi, Coligny se jeta dans Saint-Quentin. Il y entra le 3 août 1557 avec quelques centaines d'hommes et y prépara tout pour une vigoureuse résistance. Montmorency, ramenant les débris de son armée pour secourir la ville investie, fut encore battu et lui-même fut fait prisonnier. Coligny ne perdit point courage, il était soutenu par d'Andelot, qui avait réussi à entrer dans la place avec cinq cents hommes.

Coligny rassembla ses officiers découragés.

Philippe II arrivait avec un renfort de dix mille hommes, Saint-Quentin ne comptait que huit cents combattants et onze brèches étaient faites aux murailles. Pour relever les courages :

« Je suis bien résolu, dit Coligny à ses compagnons, de garder le serment que nous avons prêté, de garder cette place, et si quelqu'un m'entend parler de capitulation, je vous supplie tous de me jeter, comme un poltron, par-dessus les murailles dans le fossé. Et si quelqu'un me tenait un tel propos, je ne lui en ferais pas moins. »

Le roi d'Espagne arriva devant Saint-Quentin et commanda l'assaut ; le feu couvrit la ville et la résistance devint impossible, car les brèches furent aussitôt envahies par des forces supérieures. L'amiral lutta jusqu'au bout à l'une des ouvertures qui laissait passer des flots d'ennemis. Il n'avait plus près de lui que deux officiers et un valet lorsqu'il dut remettre son épée à un soldat espagnol.

Le vainqueur donna pour prison à Coligny le fort de l'Ecluse en Flandre, d'où on le transféra plus tard au château de Gand.

A la douleur de la captivité, Coligny eut à ajouter bientôt l'amer chagrin d'apprendre que le roi, circonvenu par les insinuations perfides de ses adversaires, était persuadé que l'amiral n'avait pas fait tout son devoir pour la défense de Saint-Quentin. Une lettre que Coligny écrivit pour se justifier n'eut aucune influence sur l'esprit de Henri II, et les tentatives de d'Andelot tendant au même but ne firent qu'accroître la mauvaise humeur du roi.

A ces nouvelles, le prisonnier tomba sérieusement malade, et pendant plus d'un mois les siens perdirent tout espoir de le conserver. Mais Dieu le sauva ; l'épreuve avait précédé le relèvement. Coligny jusque-là avait pratiqué la religion sans être réellement converti. Sa conscience s'éveilla ; les entretiens qu'il avait eus avec d'Andelot, avec sa femme, lui revinrent à l'esprit ; il demanda les saintes Ecritures, les étudia avec ardeur, avec la simplicité de l'homme qui veut s'éclairer, et bientôt son cœur reçut cette foi pour laquelle il devait désormais vivre, pour la confession de laquelle il fut dès lors toujours prêt à mourir. On en retrouve l'expression dans les *Mémoires* qu'il composa durant sa captivité.

« Tout le reconfort que j'ai, y lit-on, c'est celui qu'il me semble tous les chrétiens doivent prendre, tels mystères ne se jouent point sans la permission et la volonté de Dieu, bonne, sainte et raisonnable ; il ne fait rien sans justes occasions, dont toutefois je ne sais pas la cause, et dont je ne dois pas m'enquérir, mais plutôt m'humilier devant lui en me conformant à sa volonté. »

Rendu à la liberté par le traité de Câteau-Cambrésis, Coligny personnifie dès lors en

quelque sorte le génie de la réforme française,
par l'austérité de sa vie, sa piété sincère, péné-
trée d'une foi vive et inébranlable, et par son
caractère ferme, intrépide, opiniâtre même.
Mais qui pourra imaginer les luttes intérieures,
les hésitations, les douleurs de cet honnête
homme, s'efforçant chaque jour, dans ces temps
troublés, de concilier tous ses devoirs, de rester
en même temps fidèle à son roi, à son pays, à
son Dieu? Et quel temps choisit-il? celui où la
cause qu'il embrasse est persécutée, où l'on
dresse la potence, où le bûcher est allumé pour
des femmes, des enfants, des vieillards, où son
frère d'Andelot lui-même est emprisonné pour
délit de croyance par le cardinal de Lorraine.

Le 10 juillet 1559, Henri II mourut d'une
blessure reçue dans un tournoi. Son successeur,
François II, avait en 1558, à l'âge de quatorze
ans, épousé Marie Stuart, reine d'Ecosse et
nièce par sa mère du duc de Guise et de son
frère le cardinal. Ceux-ci dès lors dominèrent
le faible roi ; le connétable de Montmorency
fut éloigné de la cour, et Coligny, privé du
gouvernement de l'Ile-de-France, se retira dans
son château de Châtillon, où il vécut dix-huit
mois, sans doute les plus heureux de toute sa
vie. C'est alors que réellement il s'appliqua à
mettre sa vie en harmonie avec ses convictions
évangéliques. Charlotte de Laval eut une grande
part dans cette réforme qu'il introduisit dans
sa maison. Elle l'avait trouvé parfois timide

dans sa conduite, et le poussait à confesser ouvertement la vérité chrétienne ; mais longtemps Coligny avait gardé le silence. Un soir il eut avec sa femme un entretien dans lequel faisant l'historique du réveil religieux qui s'était produit en Allemagne, en Angleterre et en France, il en vint aux persécutions dont les réformés étaient l'objet.

« Vous n'ignorez pas, dit-il à sa femme, le sort qui attend, dans notre pays, quiconque embrasse les doctrines évangéliques ; il doit s'attendre à la ruine de sa famille, à la confiscation de ses biens, et se résoudre à périr dans les flammes..... Si maintenant vous persévérez dans votre désir de partager le sort auquel les confesseurs de l'Evangile sont exposés, à la bonne heure ! De mon côté, je ne reculerai pas, et je demeurerai constamment attaché à tout ce que je croirai juste et bon.

— Dans tout ce que vous venez de me dire, répliqua l'héroïque chrétienne, il n'y a rien de nouveau ; il en a toujours été ainsi dans l'Eglise de Jésus-Christ, et il en sera de même jusqu'à la fin. Celui qui veut être membre de ce corps doit être prêt à tout. »

Coligny et Charlotte de Laval furent dès lors unis dans une foi commune. Ils furent fidèles l'un et l'autre à la vérité, malgré les souffrances, jusqu'à la mort.

La maison bien ordonnée de l'amiral, l'exemple qu'offrait le château des bords du Loing,

attirèrent l'attention des nobles des environs, et
la vie de famille selon l'Evangile s'introduisit
dans beaucoup de demeures. Le culte domes-
tique, les prières en commun, furent pratiqués
dans les châteaux et dans les villages, dans les
villes et dans les chaumières, tellement que
deux ans après, à la fin de 1561, Coligny pouvait remettre à Catherine de Médicis, et sur sa
demande, une liste contenant les noms de deux
mille cent cinquante églises organisées, qui
demandaient la liberté de s'assembler pour prier
Dieu.

Mais pendant ces deux années les cata-
strophes n'avaient pas manqué. Les Guises
avaient résolu d'anéantir les réformés. La
France vit partout couler le sang et les larmes.
Les opprimés tournaient leurs regards vers le
grand capitaine. Charlotte se joignit aux instances des délégués des Églises mises à feu et à
sang. Néanmoins Coligny, le cœur meurtri,
persistait dans la pensée que la révolte était en
opposition avec la parole de Dieu.

« Celui qui permet les persécutions, leur dit-
il, saura bien les faire cesser au temps conve-
nable; c'est sur lui seul, et non sur les hommes,
qu'il faut mettre son espérance. »

Mais il ne put arrêter le mouvement. La
conjuration d'Amboise, qui eut pour chef ap-
parent La Renaudie, mais qui fut fomentée par
le prince de Condé, avait pour but de s'emparer
du jeune roi et de le soustraire à l'influence

2

pernicieuse des Guises. Coligny, Calvin, par des lettres pressantes, les pasteurs des Eglises, s'étaient opposés à cette entreprise. Douze cents conjurés payèrent de leur vie leur défaite. Cette fois encore les Guises étaient victorieux, le duc se fit nommer lieutenant général du royaume. Mais les massacres d'Amboise soulevaient les cœurs généreux ; dans un grand nombre de villes, on résista ouvertement à la persécution qui s'étendait partout ; malheureusement il se produisit des excès. Les réformés détruisirent des images dans les églises et ainsi les haines s'envenimèrent de part et d'autre.

Le 21 août 1560, une assemblée de notables était convoquée à Fontainebleau afin d'aviser aux moyens de ramener la paix dans le royaume. Coligny s'y rendit, et dans une des séances, s'approchant du trône, fléchissant le genou, au milieu du plus profond silence, il remit au roi une requête dont il lut à haute voix le titre : *Supplication de ceux qui, en diverses provinces, invoquent le nom de Dieu, suivant la règle de piété.*

Les Guises, sous ce coup imprévu, ne purent circonvenir François II, qui prit gracieusement la supplique et la fit lire par son secrétaire. Les réformés protestaient de leur fidélité, de leur amour envers le roi, obéissant en cela aux préceptes des saintes Ecritures dont ils faisaient profession, mais ils réclamaient la liberté des assemblées de culte en plein jour, sous la surveillance des agents royaux.

Après lecture le secrétaire fit observer que cette pièce ne portait pas de signature.

« Il est vrai, répondit l'amiral, mais que l'on nous accorde l'autorisation de nous réunir, et en un jour je vous apporterai cinquante mille signatures de la seule province de Normandie.

— Et moi, interrompit violemment le duc de Guise, j'en trouverai cent mille qui signeront le contraire de leur sang. »

C'était là, toujours, la suprême raison du duc et de son frère le cardinal. Tous les piéges, toutes les trahisons furent dès lors tentées par eux et leurs partisans pour se défaire des princes de la maison de Bourbon et des principaux réformés, parmi lesquels Coligny et ses frères. Les Lorrains voulaient, avec le concours du roi d'Espagne, s'emparer du trône de France. La cause de la religion n'était pour eux qu'un prétexte.

Le roi fut tout à coup frappé d'une grave maladie. Les Guises se sentaient menacés dans leur puissance. Le duc accusait les médecins, impuissants à conjurer le mal, d'être d'accord avec les hérétiques; le cardinal ordonna des processions; on invita le peuple à prier Dieu de conserver le roi jusqu'à l'accomplissement du projet d'exterminer « ceux de la religion, » et le malheureux François II faisait vœu, si la santé lui était rendue, d'extirper toute hérésie de son royaume, sans réserver même la vie d'aucun de ses proches ou amis. Les réformés, menacés de toutes parts, avaient recours à Celui qui seul pouvait les délivrer du péril. Ils publièrent un jeûne et supplièrent Dieu de rendre la santé au roi, d'éclairer sa conscience, et de dissiper les desseins de leurs ennemis.

Mais la maladie était mortelle, et les vœux opposés de ses sujets ne pouvaient guérir le royal malade. Il mourut le 5 décembre 1560; son frère Charles IX, qui lui succéda, avait onze ans. Catherine de Médicis, proclamée régente, crut enfin jouir réellement du pouvoir, qu'elle convoitait depuis longtemps; les États généraux s'assemblèrent à Orléans, et le résultat en fut tel qu'il sembla qu'un esprit nouveau soufflait sur la France. Les Guises se retirèrent; l'on put partout prêcher publiquement l'Évangile, même dans le Louvre, qu'habitait le roi et sa mère. Antoine de Bourbon, époux de Jeanne d'Albret, et Coligny, avaient repris place au conseil royal; malheureusement une réaction se produisit dans l'esprit de la reine mère, et ils s'aperçurent que leur influence diminuait. Les Guises revinrent à la cour, et le cardinal obtint l'édit de juillet 1561, qui interdisait de nouveau les assemblées publiques des réformés.

Quelques mois après s'ouvrait le fameux colloque de Poissy (du 9 septembre au 9 octobre). Les Guises le tolérèrent parce qu'ils ne se sentaient pas assez affermis. La réforme y fut défendue par Théodore de Bèze, contre le cardinal et ses alliés. Ce colloque eut pour résultat, contre l'espoir des Lorrains, d'amener beaucoup d'adhérents à la Réforme, et, malgré leurs efforts, l'influence conciliatrice du chancelier de l'Hospital força Catherine de promulguer l'édit de janvier 1562, qui accordait enfin une liberté relative aux prédicateurs de la Parole de Dieu.

Ce fut à cette époque qu'eut lieu, sous les auspices de Coligny, une tentative de colonisation en Amérique. L'amiral avait en vue la grandeur et la prospérité de la France, en même temps qu'il espérait ouvrir un refuge aux persécutés pour la cause de l'Evangile. Cette expédition éprouva toutes sortes de misères, et la guerre civile empêchant Coligny d'y remédier, elle eut une fin désastreuse.

La prépondérance des Lorrains amena les principaux chefs du parti protestant à quitter la cour. Coligny, dégoûté des intrigues et des complots qui s'y nouaient, se retira à Châtillon. C'est dans cette retraite qu'il apprit le massacre commis à Vassy, le 1er mars 1562, par les compagnons du duc de Guise, qui entra bientôt dans Paris avec une escorte considérable, bravant ainsi la reine, et provoquant les réformés par la tuerie de gens surpris dans une grange où ils priaient Dieu.

L'âme de Coligny, ébranlée par ce coup terrible, y voyait l'explosion d'un complot d'où allait fatalement sortir la guerre civile, et pourtant il résolut de n'y prendre point de part. Deux jours durant il résista aux sollicitations,

2.

aux reproches de ses frères et de ses amis,
accourus à Châtillon, qui le voulaient à leur
tête dans la lutte qu'on les forçait de subir.
Après leur départ, Coligny céda enfin aux adju-
rations de sa femme, énumérant les attentats,
les persécutions, tous les crimes commis contre
ses coreligionnaires, et le sommant enfin, « au
nom de Dieu, de ne les frauder plus, » ou, ajou-
ta-t-elle, « je serai témoin contre vous en son
jugement. »

Charlotte de Laval fut la voix qui poussa
Coligny à la défense légitime contre un parti
d'ambitieux et d'assassins. Il était temps. Tou-
louse avait déjà répondu à Vassy; quatre mille
réformés y avaient été égorgés; partout les
protestants prenaient les armes. Il leur fallait
un chef. Charlotte le leur donna.

C'est ainsi que commença la première guerre
dite *de religion*, conduite par un homme qui la
désapprouvait en lui vouant sa vie et son honneur. Conciliant par nature, tolérant par prin-
cipe, Coligny répétait souvent qu'on ne convertit
personne par des querelles et des disputes, mais
qu'on peut gagner les âmes par un bon exemple.

Dans cette guerre, que nous ne voulons pas
décrire dans ses horribles détails, Coligny avait
à combattre l'ami intime de sa jeunesse, son
émule dans les combats contre les ennemis de
la patrie, François de Lorraine. Il désirait le
réduire, afin d'amener le triomphe de sa cause,
et délivrer la France des discordes qui l'affaiblis-

saient. Il voulait vaincre celui qui le haïssait mortellement, mais dans une lutte loyale, quoiqu'il n'ignorât pas que son adversaire, entraîné par ses passions, ne reculerait pas devant les moyens les plus abominables. On apprit tout à coup que le 18 février 1563, devant Orléans, un fanatique, Poltrot de Méré, avait assassiné le duc de Guise. Ce misérable, qui faisait profession d'appartenir à la religion réformée, accusa de Bèze et Coligny de l'avoir poussé au crime.

L'amiral apprit l'accusation dont il était l'objet et la condamnation de l'assassin. Il se hâta de demander un sursis au supplice jusqu'à ce que de Bèze et lui eussent été confrontés avec Poltrot. Mais celui-ci s'était rétracté, avouant que la crainte d'être mis à mort sur-le-champ l'avait poussé à se donner des complices; on fit exécuter la sentence, ce qui semble au moins un indice que les ennemis de Coligny et de Bèze ne croyaient pas à leur culpabilité. "

N'ayant pu obtenir d'être confronté avec Poltrot, l'amiral rédigea un mémoire dans lequel il convient l'avoir employé comme espion. (On sut depuis que Guise s'en était servi de la même manière.) Coligny lui avait en conséquence procuré un cheval, et lui avait accordé vingt écus, mais il repoussa énergiquement toute imputation de complicité directe ou indirecte dans le crime. Toutefois, dans une lettre à Catherine de Médicis, il avança que « c'était le plus grand bien qui pût arriver à ce royaume et à l'Église de Dieu. » Parole imprudente mais sincère d'un homme incapable de dissimuler ses sentiments.

La guerre prit fin tout à coup en mars 1563 ; l'édit de pacification, dit d'Amboise, accordait moins encore que l'édit de janvier 1562, et Coligny, indigné de ce que cette paix avait été signée sans son aveu par Condé, adressa de vifs reproches à ce prince. « En restreignant, lui dit-il, le culte de nos Églises à une ville par bailliage, on a fait à Dieu sa part, et plus ruiné d'Églises par ce trait de plume, que les ennemis n'en eussent pu renverser en dix ans. »

L'amiral fit de vains efforts pour obtenir des améliorations au traité ; ses observations firent même un moment craindre la rupture de la paix ; il fallut que lui-même, pour éviter de plus grands maux, apposât enfin sa signature au bas de la convention d'Amboise. Cette paix dura quatre ans. Pendant ces années l'amiral se partagea entre les devoirs de sa charge et les affections de la famille. Un de ses serviteurs, de condition noble, corrompu par les Guises, avait promis d'empoisonner Coligny ; ses lettres ayant été découvertes, il implora son pardon, qu'il obtint de son maître, à la seule condition de quitter aussitôt son service. Un autre assassin avait offert, moyennant cent écus et un cheval, de tuer l'amiral à la chasse ; arrêté pour d'autres crimes, il fut condamné au supplice de la roue.

En janvier 1566, une assemblée de notables se tint à Moulins (Bourbonnais), le roi s'efforça

de réconcilier les Guises et les Châtillons. Le
conseil royal, chargé d'examiner de nouveau
l'affaire de l'assassinat, reconnut à l'unanimité
l'innocence de Coligny. Le cardinal de Lorraine
et Anne d'Este, la veuve du duc, donnèrent à
l'amiral le baiser de paix ; mais Henri de Guise,
fils de François, âgé alors de seize ans, ainsi
que son oncle le duc d'Aumale, ne s'étaient pas
présentés à Moulins ; ils persistaient dans leurs
projets, en remettant l'exécution à des temps
plus favorables.

La position des réformés devenait de plus en
plus insupportable. Lés Mémoires de Coligny
mentionnent à cette époque « plus de cinq cents
personnes de la religion, tuées en divers lieux
sans que la mort d'une seule ait été vengée par
le magistrat. » Dans quelques villes on s'empara
des églises, des images furent détruites, ce qu'on
reproche très-souvent encore aux huguenots.
Ces actes sont blâmables, mais des marbres, des
toiles, eussent-ils été créés par les premiers ar-
tistes, avaient-ils donc plus de prix que des vies
humaines émanées de Dieu ? Coligny voulait
mettre fin à ces désordres, mais il réclama vai-
nement contre les violations incessantes de
l'édit d'Amboise, qui accordait cependant si
peu de liberté. Dans l'été de 1567, on annonça
le passage, sur le territoire français, d'une armée
espagnole, commandée par le trop fameux duc
d'Albe, et qu'on disait allant réduire les hérétiques des Pays-Bas. On craignit, parmi les

réformés, que ces troupes ne fussent destinées à l'exécution d'un plan concerté entre Philippe II et Catherine de Médicis, pour anéantir la Réforme, en commençant par la France. Néanmoins Coligny s'opposait encore à une prise d'armes.

Dans une première réunion des chefs, tenue à Valery, chez le prince de Condé, il n'avait été pris aucune décision. Une nouvelle conférence se tint à Châtillon. L'amiral y insista encore pour que l'on prît patience jusqu'à la dernière extrémité. D'Andelot se leva alors :

« Je ne doute pas, mon frère, dit-il avec véhémence, que votre avis ne soit dicté par une extrême probité, mais les remèdes qu'on attend viendraient trop tard. La grandeur du péril qui nous menace ne peut être conjurée qu'en nous exposant aux périls. C'est maintenant que nous avons besoin de courage et de constance, si vous ne voulez pas attendre que nous soyons bannis du royaume, ou jetés dans les prisons les fers aux pieds ; ou encore, dans les bois et les déserts, devenus le gibier de la populace et l'objet de la fureur des nobles et du mépris des gens de guerre. Si nous voulons abandonner nos vies et trahir ceux qui espèrent en nos armes, il nous est au moins interdit d'abandonner le service de Dieu. »

L'amiral se déclara enfin persuadé par les raisons fournies par ses amis, et l'on chercha un moyen d'obtenir promptement justice.

Les avis étaient nombreux et divers. Coligny mit l'accord en proposant l'enlèvement du roi afin de le soustraire à l'influence des Lorrains. En peu de jours la prise d'armes fut réalisée. De toutes parts on se rendait à Rozoy (Brie), où l'on devait être réuni le 27 septembre, et voisin de Monceaux où était la cour. Mais la reine, avertie à temps, appela en toute hâte des troupes suisses. Le roi, placé au milieu des soldats étrangers, au nombre de dix mille, arriva le soir à Paris, après avoir rencontré cinq cents cavaliers conduits par Condé et Coligny que la contenance des Suisses obligea d'abandonner la partie. Jamais Charles IX ne pardonna aux réformés de l'avoir fait fuir, il les considérait comme des rebelles qu'il devait écraser à tout prix.

Le 10 novembre 1567, vingt mille hommes sortirent de Paris pour combattre sous les ordres du connétable Anne de Montmorency ; il tomba mortellement blessé, à Saint-Denis frappé par un des soldats écossais enrôlés par son neveu Coligny. Il mourut le surlendemain. Tristes effets de ces guerres ! Les Suisses avec le roi ; avec les réformés les Écossais et les Allemands ; car les derniers vinrent bientôt renforcer l'armée huguenote, obligée de se retirer après la bataille de Saint-Denis. Au commencement de 1568, le prince palatin Casimir opéra la jonction des deux troupes à Pont-à-Mousson (Lorraine). Les Allemands étaient au nombre de douze mille, mais avant d'ouvrir la campagne, ils réclamèrent une somme de cent mille écus qu'on leur avait promise dès leur arrivée en France. Ces mercenaires ne purent être satisfaits à cet égard, malgré les efforts des Français, qui se dépouillèrent, sur l'invitation de Coligny, de tout l'argent qu'ils possédaient. L'amiral donna ses écus, sa vaisselle, jusqu'à son anneau ; Condé en fit autant ; et nobles, officiers, soldats et valets imitèrent l'exemple des chefs. Les Allemands acceptèrent un à-compte de trente mille écus.

Au plus fort de cette guerre, pendant qu'il était occupé au siége de Chartres, Coligny eut la douleur d'apprendre que sa femme était dangereusement malade à Orléans, où elle s'était réfugiée avec ses enfants. En toute hâte il alla près de sa fidèle compagne. Charlotte de Laval, soignant les soldats blessés, avait été atteinte par l'infection produite dans les hôpitaux. Elle y succomba le 3 mars 1568, malgré les soins de Coligny et des médecins qu'il avait amenés.

La douleur de Coligny, devant ce grand sacrifice, fut égale à sa profonde affection pour Charlotte. Il la pleura, puis, trouvant le soulagement dans la prière, soutenu aussi par les consolations chrétiennes de ses amis, son esprit abattu se releva ; il se fit amener ses enfants, afin de pleurer avec eux en les consolant.

« Une si grande perte que celle que nous venons de faire, leur dit-il, nous enseigne qu'il ne vous reste plus d'appui en ce monde, et que les maisons et les châteaux somptueux et bien fortifiés ne nous ont point été donnés pour être une demeure et une possession perpétuelles ; mais plutôt comme une hôtellerie et comme un prêt. Enfin, toutes les choses humaines sont périssables et caduques, excepté la seule miséricorde de Dieu. »

Cette même année, Coligny perdit encore son fils aîné, Gaspard, qui mourut de la peste, âgé d'environ quatorze ans. Il était retourné au camp devant Chartres, confiant ses bien-aimés au fidèle Le Gresle, leur précepteur, qui les instruisait à la fois dans la piété et dans les sciences. Il les lui recommanda encore dans son testament, écrit l'année suivante.

Le 23 mars 1568, l'édit de Longjumeau arrêta pour un temps les désastres de la guerre. Ce fut une trêve imposée à Coligny par les intrigues de Catherine de Médicis. Elle sut amener les défections de certains chefs protestants, et par suite la démoralisation d'une partie de l'armée. Mais la reine mère voulut profiter trop tôt de son triomphe, et la troisième guerre *de religion* ne tarda guère à désoler encore la France. Catherine et le cardinal de Lorraine gardèrent les troupes suisses, italiennes et espagnoles, qu'ils s'étaient engagés à renvoyer; on proclama par tout le royaume la formule d'un serment par lequel tout sujet du roi s'engageait à prendre les armes pour son service; il fut défendu, sous peine de mort, de professer un autre culte que celui de l'Église de Rome. En cinq mois, les massacres, dans une foule de villes, avaient fait dix mille victimes. Les chefs réformés, après des tentatives infructueuses pour éviter le renouvellement de la guerre civile, se rendirent en fugitifs à La Rochelle, où ils arrivèrent le 18 septembre avec leurs familles, après avoir échappé aux plus grands dangers. Coligny était accompagné dans sa fuite périlleuse par ses cinq jeunes enfants.

Aux morts causées par les massacres, les siéges et les batailles, un rude hiver vint ajouter près de huit mille victimes dans les deux armées. Le froid fut presque aussi féroce que Catherine et les Lorrains. Au printemps, les arquebuses et les canons reprirent la prépondérance; Louis de Bourbon, prince de Condé, blessé et prisonnier, fut traîtreusement tué à Jarnac. C'est après cette bataille que Jeanne d'Albret amena à l'armée son fils, le prince de Béarn, qui fut Henri IV. Proclamé généralissime, sous le commandement de fait déféré à Coligny, le jeune prince jura « de défendre la religion et de persévérer dans la cause commune jusqu'à ce que la mort ou la victoire eût rendu à tous la liberté. »

Une mort mystérieuse vint encore frapper au cœur l'amiral de Coligny. D'Andelot, son frère, qui avait tant sacrifié et tant souffert pour la sainte cause de la Réforme, mourut à Saintes, d'une maladie singulière, dans les sentiments d'une foi pure et puissante. Coligny le pleura comme il avait pleuré sa chère Charlotte ; on a conservé la lettre qu'il écrivit, le 18 mai 1569, aux enfants de son frère et aux siens, réunis à La Rochelle, sous la garde de Le Gresle.

« Quoique je ne doute pas, écrit-il, que la mort de mon frère d'Andelot ne vous ait causé une grande affliction, j'ai pensé, toutefois, de vous rappeler combien vous êtes heureux d'être fils ou neveux d'un si grand personnage, qui a été un très-fidèle serviteur de Dieu et un très-excellent et célèbre capitaine. La mémoire et l'exemple de ses vertus doivent être constamment devant vos yeux... Je vous demande, pour tempérer ma douleur, de faire en sorte que je puisse voir revivre et briller en vous ses vertus. A cet effet, je vous prie de vous adonner de tout votre cœur à la piété et à la religion, et d'employer, pendant que vous êtes dans l'âge favorable, votre temps à l'étude des saintes Lettres qui vous mettront dans le chemin de la vertu. Et quoique je ne sois pas opposé à ce que votre précepteur vous donne des heures pour vous ébattre et vous reposer de vos leçons, prenez garde toutefois de ne rien faire ou dire, dans vos délassements, qui puisse offenser Dieu. Sur toutes choses honorez votre maître, et lui obéissez comme à moi-même ; car je m'assure qu'il ne vous enseignera ni conseillera rien qui ne soit pour votre honneur et pour votre profit. Au reste, si vous m'aimez, ou plutôt si vous vous aimez vous-mêmes, tâchez que je reçoive toujours d'agréables nouvelles de vous, et efforcez-vous de croître autant en piété et en vertu, qu'en âge et en stature.»

Les vœux de l'amiral pour ses enfants furent en partie exaucés. François de Coligny fut digne de son père. Il suffit de nommer Louise, la fille chérie de l'amiral, qui lui donna pour époux le brave Téligny. Devenue veuve à la Saint-Barthélemy, en même temps qu'orpheline, elle devint la compagne, onze ans après, de Guillaume le Taciturne, fondateur de la République de Hollande, qu'elle vit aussi mourir, frappé également par les ennemis de la Réforme.

Le 8 août 1570 la paix fut signée à Saint-Germain. Durant ces tristes années, Coligny, par l'autorité de son caractère, de ses vertus, de son génie, de son courage inflexible, quoique presque toujours battu, à chaque échec avait réparé la défaite. A toutes les intrigues opposant la droiture, à la moindre promesse se tenant prêt à déposer les armes, ne les reprenant qu'à la dernière extrémité, toujours heureux de les déposer encore, tellement que sa noble confiance a passé pour une crédulité trop naïve.

C'est en 1569, peu après la mort de d'Andelot, que Coligny écrivit son testament[1]. Il y confesse

---

1. Conservé à la Bibliothèque nationale, et publié en facsimile, en 1852, dans le *Bulletin de la Société du Protestantisme français*, t. I, p. 260.

sa foi, puis, protestant contre les accusations dont il a été l'objet, il affirme avoir toujours eu la paix en vue. Il ordonne que ses enfants soient élevés par Le Gresle dans l'amour et la crainte de Dieu, assure leur avenir terrestre, ainsi que le sort de tous ses serviteurs, et termine en consacrant à Dieu ses enfants : « le suppliant les vouloir toujours guider et conduire par son Saint-Esprit, et faire qu'ils emploient leurs vies à l'avancement de sa gloire, au bien et au repos de ce royaume. Je le supplie aussi qu'il veuille avoir pour agréable la bénédiction que je leur donne... Et quant à moi, lui offrant les mérites de Jésus-Christ pour satisfaction et pour l'abolition de mes péchés, qu'il veuille recevoir mon âme pour la faire participante de la vie bienheureuse et éternelle qu'il a promise à tous ses élus, à tous ses enfants, attendant la dernière résurrection, où les corps et les âmes seront réunis dans l'incorruption et l'immortalité. »

Après la paix, Coligny alla passer une année à La Rochelle, près de ses chers enfants, et l'on peut croire qu'il leur fit beaucoup de bien par ses exhortations et surtout par son exemple. Son bonheur fut troublé par la mort d'Odet de Châtillon qui avait embrassé, comme on sait, la foi réformée, en délaissant les dignités de l'Eglise romaine. La reine-mère fut accusée de l'avoir fait empoisonner, et l'on rappela la mort de d'Andelot.

En mars de la même année, Coligny épousa

Jacqueline d'Entremonts, qui, par ses vertus et sa piété, comme Charlotte de Laval, fut pour lui une digne compagne, et pour ses enfants une seconde mère. Six mois après, cédant aux instances de Charles IX, et n'ayant en vue que la pacification de la France, Coligny quitta La Rochelle pour se rendre à Paris. Il fut rétabli dans ses charges, et le roi, qui peut-être était alors de bonne foi, lui dit en l'embrassant :

« Nous vous tenons maintenant ; vous ne nous échapperez pas quand vous voudrez. »

Mais de sinistres indices vinrent réveiller, encore une fois, la méfiance des réformés. L'amiral demeura sourd à tous les avertissements ; il crut même, dans sa loyauté, que la mort foudroyante de Jeanne d'Albret (9 juin 1572) était naturelle. Le roi l'avait gagné. L'astucieuse Catherine tenait enfin sous sa main ceux qu'elle avait voués à la mort.

Le 22 août, en sortant du Louvre pour regagner son hôtel, Coligny fut atteint de deux balles de cuivre, tirées par Maurevel, qu'on appelait « le tueur du roi. » Charles accourut aussitôt :

« Mon père, lui dit-il selon sa coutume envers l'amiral, vous avez la plaie et moi la perpétuelle douleur ; mais je renie mon salut que j'en ferai une vengeance si horrible que jamais la mémoire ne s'en perdra. »

On va voir comment ce malheureux roi, jouet d'une indigne mère, tint cette parole deux jours après. Ambroise Paré, le chirurgien chrétien, qui disait modestement : « Je le pansai, Dieu le guérit, » donna ses soins au blessé ; il dut amputer un doigt de la main droite où la gangrène s'était mise.

Le 24 août 1572, un dimanche, — jour de repos et du Seigneur, — à deux heures du matin, la cloche de l'église Saint-Germain-l'Auxerrois, voisine du Louvre, sonna le tocsin. A ce signal, Henri de Guise et ses complices, avec des soldats étrangers, se dirigèrent vers la demeure de Coligny qui, averti, se prépara à la mort. « Il se leva de son lit, lisons-nous dans un livre de Bossuet, fit sa prière, dit aux siens, sans paraître ému, qu'il voyait bien qu'il fallait mourir, et qu'ils se sauvassent comme ils pourraient ; que pour lui, il n'avait plus besoin de secours humains. » Un seul serviteur resta, Nicolas Muss, et fut tué d'abord, ainsi qu'une servante qui avait ouvert la porte. A la vue de Coligny les assassins se troublèrent, puis s'enhardirent et enfin le frappèrent de sept coups de hache, d'épée ou de poignard, et après le jetèrent par la fenêtre encore vivant ; il expira sur le pavé. Là étendu, Henri de Guise le frappa de sa botte, en s'écriant : « Courage, compagnons, allons aux autres ; le plus difficile est fait. »

Un soldat italien trancha la tête de Coligny, qui fut envoyée à Rome, et la populace, après avoir indignement mutilé le cadavre, le traîna dans les rues. Trois jours après, on ramassa ces restes informes pour les suspendre à l'infâme gibet de Montfaucon. L'exécrable forfait de la Saint-Barthélemy couvrit la France entière de flots de sang, dont les traces ne pourront jamais être effacées de l'histoire.

Le 7 septembre 1851, en présence de plusieurs membres de la famille de Montmorency, une caisse en plomb, contenant les restes des dépouilles mortelles de l'amiral Gaspard de Coligny, après avoir été ouverte et fermée de nouveau, fut scellée dans un pan de mur en ruines, au pied d'une tour gigantesque, restée debout de l'ancien château de Châtillon-sur-Loing. Deux inscriptions sur marbre blanc rappellent les vicissitudes que ces dépouilles ont éprouvées depuis la nuit où elles furent clandestinement dérobées au gibet de Montfaucon par les serviteurs de Montmorency, fils du connétable et cousin de Coligny, qui leur fit donner une sépulture dans son château de Chantilly.

Ce lieu solitaire, où est né Coligny, où son enfance s'était écoulée heureuse, maintenant tout planté de cyprès et d'arbres toujours verts, est fréquemment visité par de pieux visiteurs, venant de tous les bouts de la terre pour honorer la mémoire de l'homme qui tant désirait « que Dieu fût servi partout, et principalement en ce royaume de France. »

AGRIPPA D'AUBIGNÉ

Nous avons vu, dans la biographie de *Coligny*, que le signal des guerres religieuses du xvıᵉ siècle avait été donné par le massacre que les Guises avaient fait des huguenots à Vassy. Deux ans plus tôt, en mars 1560, la conjuration d'Amboise avait eu pour but d'enlever le jeune

3.

François II au pouvoir des princes lorrains.
Cette entreprise, dans laquelle il entrait « plus
de malcontentement que de huguenoterie, »
avait d'ailleurs été fomentée par la noblesse des
deux communions, catholique et réformée. Elle
ne peut donc être considérée comme la première
prise d'armes, qui eut lieu seulement après le
massacre de pauvres paysans priant Dieu dans
une grange.

Quelque temps après l'insuccès des conjurés
d'Amboise, une petite troupe de cavaliers passait
par cette ville. Une foire avait amené là une
grande affluence de peuple. Un affreux spec-
tacle était de plus offert à la curiosité publique.
Sur les créneaux de la ville on voyait encore
exposées les têtes de ceux des conspirateurs
qui n'étaient point tombés dans les luttes par-
tielles où la trahison d'un des leurs les avait
conduits. On leur avait pourtant promis la vie
sauve ; mais les Lorrains violèrent cette promesse en les faisant mourir par le glaive du
bourreau, sous les yeux des grandes dames de
la cour. L'une d'elles, la plus élevée, la reine
Marie Stuart, était loin de prévoir alors ce que
l'avenir lui réservait.

Le chef de cette troupe de cavaliers avait
trempé dans la conjuration, mais il avait su
échapper aux représailles. A la vue des dépouilles de ses compagnons, une émotion dou-
loureuse gagna son cœur, et, méconnaissant
le danger qu'il pouvait courir au milieu d'une

population excitée par les menées des Guises, il s'écria :

« Ils ont décapité la France, les bourreaux ! »

Un enfant de huit à neuf ans, qui chevauchait derrière lui, se rapprocha. Le vieux capitaine, posant sa main sur la tête de l'enfant, reprit d'une voix vibrante et solennelle :

« Mon fils, il ne faut point que ta tête soit épargnée, après la mienne, pour venger ces chefs pleins d'honneur ; si tu t'y épargnes, tu auras ma malédiction. »

La foule s'émut à ces paroles; elle fit entendre des murmures; puis elle tenta de se ruer sur les voyageurs ; mais ceux-ci se dérobèrent à l'attaque, grâce à la vitesse de leurs chevaux.

Ce chef était Jean d'Aubigné, seigneur de Brie en Saintonge, et dignitaire de la cour de Navarre. L'enfant, qui nous raconte ce fait dans ses *Mémoires*, se nommait Théodore-Agrippa d'Aubigné. Sa naissance avait coûté la vie à sa mère, Catherine de l'Estang.

Agrippa entrait ainsi de bonne heure dans le chemin de la vie, dont il devait connaître les aspérités et les épines. Dès sa cinquième année, il avait été confié aux soins d'un maître sincère autant qu'éclairé ; et à six ans il lisait « aux quatre langues. » A sept ans et demi, il traduisit le *Criton* de Platon, sur la promesse que lui fit son père qu'il ferait imprimer cet essai « avec l'effigie enfantine au-devant du livre. »

Or l'enfant aimait les livrés, et lorsque, en

1562, il fut obligé de fuir de Paris avec son précepteur Béroald, à cause des « massacres et des brûlements qui s'y faisaient, » il eut grand regret de quitter ses études, et il pleura beaucoup. Son maître le réconforta, en lui disant :

« Mon ami, ne sentez-vous point le bonheur que ce vous est de pouvoir, dès l'âge où vous êtes, perdre quelque chose pour celui qui vous a tant donné ? »

Le savant et pieux maître avait aussi à soutenir le courage de sa famille qui l'accompagnait dans sa fuite.

A douze lieues de Paris, les fugitifs tombèrent entre les mains d'un fameux inquisiteur, Démocharès, et on les retint en prison. Agrippa n'en fut point effrayé, mais il versa quelques larmes lorsqu'on lui ôta sa petite épée. Le procès fut instruit sur-le-champ. Béroald, trois hommes et trois femmes, ainsi qu'Agrippa et un autre enfant, furent condamnés au feu. L'intelligence et les réponses du jeune d'Aubigné avaient intéressé le juge en sa faveur, et on lui fit entendre qu'il n'irait pas au supplice s'il consentait à embrasser le catholicisme. Il répondit que « l'horreur de l'apostasie lui ôtait celle du feu. »

Le précepteur disposa les siens à la mort par de pieuses exhortations, et ces infortunés résolurent de passer leur dernière nuit en prières. Le bourreau était arrivé ; on le leur montra afin de les ébranler ; ils n'en furent point émus.

Ils se préparaient ainsi à mourir en confessant leur foi, lorsqu'au milieu de la nuit, un gentilhomme catholique, ancien moine, et qui avait la garde des prisonniers, s'introduisit près d'eux. Ils crurent sans doute qu'on venait les prendre pour les mener mourir ; mais c'était un secours que Dieu leur envoyait.

« Il faut que je vous sauve tous pour l'amour de cet enfant, leur dit le gentilhomme en embrassant Agrippa ; donnez-moi seulement cinquante écus pour corrompre deux hommes, sans lesquels je ne puis rien faire. »

On lui donna l'argent, et bientôt il revint les délivrer avec ses deux compagnons. Après de grands dangers courus sur la route, tous arrivèrent à Montargis, chez la bonne Renée de France, fille de Louis XII, et duchesse de Ferrare, qui les traita avec « son humanité accoutumée, surtout d'Aubigné, dont elle se plut à entendre les jeunes discours sur le mépris de la mort. »

De Montargis ils se rendirent à Gien, qu'ils furent bientôt forcés de quitter pour se réfugier à Orléans. Mais aux fureurs de la guerre civile vint se joindre la peste, qui enleva trente mille personnes dans cette ville et aux environs. D'Aubigné vit mourir quatre de ceux qui l'accompagnaient, entre autres la digne épouse de Béroald. Lui-même fut atteint par la contagion. Son serviteur, qui devint plus tard ministre, ne l'abandonna pas, « et, sans prendre mal, le servit jusqu'à la fin, ayant un psaume à la bouche pour préservatif. »

Echappé à tant de périls, il paraît que le jeune d'Aubigné commit alors une faute grave. Son père, pour le punir, le fit vêtir d'un habit de bure, et le fit « mener par les boutiques pour choisir un métier, puisqu'il quittait les lettres et l'honneur. » Notre écolier prit tellement à cœur cette censure, qu'il tomba gravement malade et faillit mourir. Lorsqu'il fut guéri, il alla se jeter aux genoux de son père, et par des accents de repentance qui arrachèrent des larmes à ceux qui assistèrent à cette scène, il obtint de rentrer en grâce près du noble et vertueux gentilhomme. C'est sous cette rude discipline qu'Agrippa acquit sans doute cette droiture de cœur, cette fermeté de caractère, cette rigidité de principes qu'il montra dans la suite.

Jean d'Aubigné mourut à Amboise en 1563 des suites d'une blessure qu'il avait reçue au siége d'Orléans. Agrippa était resté dans cette dernière ville après la paix. Ce fut là qu'il apprit la mort de son père. Il le pleura longtemps, et se souvint de la promesse qu'il lui avait faite à Amboise.

Confié aux soins d'un tuteur, d'Aubigné fut envoyé à Genève pour y poursuivre ses études; mais indigné de ce qu'on le reléguait dans un collége, il se livra à la dissipation, ce qui indisposa contre lui les professeurs. Il se détournait ainsi de ses devoirs ; mais l'heureuse influence

que prit sur lui la sœur de son hôte, Loyse Sar-
rasin, le retint quelque temps. C'était, dit-il,
« une Genevoise honorée de plusieurs doctes,
et capable, si le sexe le lui eût permis, de faire
des lectures publiques, principalement aux langues grecque et hébraïque. »

Agrippa demeura deux ans à Genève, qu'il
quitta à l'insu de ses parents pour se rendre à
Lyon. L'argent lui manqua bientôt dans cette
ville, et ne sachant que devenir, congédié par
son hôtesse, voyant la nuit approcher, il s'arrêta sur un pont, et une affreuse pensée s'empara de son cœur. Heureusement, nous dit-il
dans ses *Mémoires*, que « sa bonne éducation lui
faisant souvenir qu'il fallait prier Dieu devant
toute action, le dernier mot de ses prières étant
la *vie éternelle*, ce mot l'effraya et le fit crier à
Dieu qu'il l'assistât dans son agonie. » Telle était
sa détresse, lorsqu'un bruit de chevaux se fit
entendre sur le pont : il tourna la tête, aperçut
un cavalier, puis un second qu'il reconnut pour
un de ses parents ; celui-ci se rendait en Allemagne par Genève, où il comptait rencontrer
le petit désespéré, afin de lui remettre de
l'argent.

Sauvé ainsi de la misère et du suicide, Agrippa
se rendit en Saintonge chez son tuteur, qui le
retint prisonnier, pour l'empêcher de prendre
part à la seconde guerre de religion. Lors des
« troisièmes armes, » en 1568, le jeune homme,
que l'on priva de nouveau de sa liberté, et dont

on emportait chaque soir les habillements, s'é-
chappa en chemise, par une fenêtre, au moyen
de ses draps. Il sauta deux murailles, faillit
tomber dans un puits, enfin se mit à courir vers
une troupe de cavaliers, très-étonnés de voir un
jeune homme dans un si mince équipage. Le
chef voulut renvoyer Agrippa ; mais enfin il en
eut pitié, et le prit en croupe.

Cette troupe se dirigeait vers Saintes, où les
réformés s'étaient donné rendez-vous. Les catholiques tenaient aussi la campagne. Après une
heure de marche, les compagnons de d'Aubigné
se heurtèrent contre un détachement de l'armée
royale qui se rendait à Angoulême. Le nouveau
soldat, en chemise, prit part à l'affaire, dans
laquelle il lui échut une arquebuse avec le four-
niment, mais il ne voulut point revêtir la dé-
pouille d'un homme tué, et il arriva ainsi à
Jonzac, où les capitaines le firent armer et
habiller. Sur la cédule qu'il leur souscrivit, il
eut soin d'ajouter : « A la charge que je ne
reprocherais point à la guerre qu'elle m'a dé-
pouillé, n'en pouvant sortir plus mal équipé
que j'y entre. »

Nous n'avons point l'intention de décrire en
détail la vie militaire de d'Aubigné, cela nous
mènerait trop loin. La vie des camps à cette
époque, malgré les réformes introduites par
Coligny, était encore trop souvent vouée aux
désordres de tout genre.

D'Aubigné se livra à toute la fougue de son

caractère, et il fait de ses excès une confession sincère ; soit dans les duels, soit dans les combats, il ne comptait pas les adversaires. Il prit part au siége d'Angoulême, à la bataille de Jarnac, au grand combat de la Roche-Abeille, et à quantité d'escarmouches, où il se jetait le plus souvent sans cuirasse, et même, dans les surprises nocturnes, vêtu du simple appareil qu'il portait à son début. On croit en parcourant ses *Mémoires* lire un roman de chevalerie.

Sa verve satirique, autant que sa bravoure, le firent dès lors remarquer. Après l'affaire de Coutras, passant devant le prince de Condé, il ne voulut point le saluer, appelant *bisoignes* (conscrits) ceux qui ôtaient leurs chapeaux. Le prince lui offrit une place en sa maison, et son capitaine lui ayant dit qu'il désirait « le donner » au chef de l'armée :

« Mêlez-vous de donner vos chiens et vos chevaux, répondit Agrippa, et il se retira la tête haute. »

Engagé avec quatre-vingts soldats dans une entreprise d'où il se tira, lui cinquième, les périls qu'il avait courus lui firent faire de sérieuses réflexions ; il se souvint de ses désobéissances à ses parents, de Dieu qu'il avait offensé, et priant en ses angoisses, il s'écria en s'accusant : « L'homme indompté sera dompté de même par ses maux. » Quelque temps après, une nouvelle maladie dont il pensa mourir, lui fut un second avertissement. Il se promit dès lors de ne plus prendre part aux pillages et de se conduire en soldat chrétien.

La paix ayant été conclue à Saint-Germain le 8 août 1570, d'Aubigné tira quelque argent de son tuteur, et il se rendit à Blois, où il trouva les biens de sa mère saisis par un maître d'hôtel du duc de Longueville. On lui soutint que d'Aubigné avait été tué, et qu'il était un imposteur. Ses parents du côté maternel refusèrent de le reconnaître, en haine de sa religion. Il éprouva alors une rechute de sa dernière maladie, et fut bientôt en grand danger. Dans cet état il fut reconnu par l'homme qui avait ses biens à ferme ; mais ce misérable, gagné par les adversaires de d'Aubigné, et espérant s'acquitter par un mensonge des trois années de fermage qu'il devait, assura également que l'homme qu'on lui présentait n'était pas Agrippa d'Aubigné.

Ces iniques procédés accablèrent le pauvre jeune homme ; néanmoins il reprit courage, et quoique malade, sans argent et repoussé de tout le monde, il se fit mener en bateau à Orléans, où devait se juger son procès. On lui permit de plaider sa cause, ce qu'il fit d'une manière si vraie et si pathétique, que les juges émus se levèrent en s'écriant que nul autre que le fils de d'Aubigné ne pouvait parler ainsi, et il fut remis en possession de son héritage.

Au mois d'août de 1572, Agrippa se disposait à aller guerroyer en Flandre lorsqu'il eut le malheur, en servant de second dans un duel, de blesser un sergent qui le voulait prendre. Craignant les suites de cette affaire, il quitta secrètement Paris où se célébraient les noces de Henri de Navarre et de Marguerite de Valois; c'est ainsi qu'il échappa au massacre de la Saint-Barthélemy.

Eh bien! ce valeureux soldat, cet homme dont la vie est pleine de traits d'un incroyable héroïsme, fait un aveu précieux à recueillir. La nouvelle de la fatale journée lui arrive, il rassemble quatre-vingts hommes d'une compagnie qu'il avait formée, parmi lesquels on comptait « une douzaine des plus hasardeux soldats de France, » et, à leur tête, il veut résister aux assassins qui se répandaient dans les provinces. Tout à coup une voix fait entendre un cri d'effroi :

« Les voici! »

A ce cri, tous s'enfuient sans avoir vu paraître ni lance ni mousquet, si bien, dit d'Aubigné, « que l'haleine leur manqua plutôt que la peur; » lorsque trois ou quatre des fuyards s'arrêtèrent, ils furent honteux de cette déroute sans sujet, et ils « avouèrent que Dieu ne donnait pas le courage et l'entendement, mais les prêtait. » Telle était la terreur qui s'était emparée des plus braves lors de cette sanglante tragédie. Le lendemain, d'Aubigné et la moitié de sa petite troupe rachetèrent la honte de leur fuite. Ils allèrent au-devant de six cents massacreurs, en tuèrent une partie, et forcèrent le reste à renoncer à des projets de tuerie et de pillage dans le Blaisois.

Un autre genre de courage se montra dès lors en cet homme de cœur. Il s'était retiré chez le sieur de Talcy, dont il espérait devenir le gendre. Les moyens manquaient à d'Aubigné pour se rendre avec quarante soldats à la Rochelle, où se trouvaient les chefs réformés. M. de Talcy, à qui il fit part de sa gêne, lui indiqua une manière de se procurer de l'argent.

« Vous m'avez dit que les originaux de l'entreprise d'Amboise avaient été mis en dépôt entre les mains de votre père, et que l'une des pièces porte la signature du chancelier de l'Hospital. Cet homme a désavoué votre parti. Avec cet acte en main, vous pouvez obtenir de lui dix mille écus. »

D'Aubigné se retire et reparaît bientôt avec un vieux sac de velours fané. Il montre les pièces au tentateur, et les jette au feu ; puis il répond aux reproches que lui adresse M. de Talcy.

« Je les ai brûlées de peur qu'elles ne me brûlassent, car j'avais pensé à la tentation. »

Le vieux gentilhomme revint à de meilleurs sentiments, et il consentit au mariage de d'Aubigné avec sa fille. Mais cette union n'eut pas lieu à cause de la différence de religion des jeunes gens.

La paix de la Rochelle ayant été signée le 6 juillet 1573, d'Aubigné entra au service de

Henri de Navarre, alors retenu à la cour dans une sorte de captivité. Il avait été recommandé à ce prince comme un « homme qui ne trouvait rien trop chaud. » Cette affaire dut pourtant être tenue secrète, afin de dérouter les espions qui entouraient Henri, et Agrippa parut à la cour sous les auspices du futur maréchal de France, Fervaques, grand ennemi des huguenots. Dans cette position ambiguë, il gagna l'amitié du duc de Guise, qu'il suivit même à la guerre contre les réformés.

Cette tache dans la vie de d'Aubigné lui a été reprochée avec juste raison. Les principes ne doivent jamais être sacrifiés aux vues de la politique. Rien ne peut faire pardonner cet acte à Agrippa, qu'aucun serment ne liait d'ailleurs au parti des Guises.

Revenu à Paris, d'Aubigné prit part à tous les divertissements de cette cour dissolue; il composa même un ballet, *Circé*, que Catherine de Médicis ne laissa pas exécuter à cause de la dépense qu'il aurait nécessitée.

Trois années s'écoulèrent ainsi, pendant lesquelles le roi de Navarre eut à supporter mille avanies de la part de la reine mère et des Guises. Il se décida enfin à y échapper par la fuite, et Agrippa l'aida grandement dans cette entreprise, qui n'était pas sans périls. Il faut lire, dans la Préface de l'*Histoire universelle* de d'Aubigné, le discours que celui-ci tint à son maître, pour le déterminer à fuir les liens de toute sorte où il était retenu. Henri souffrait un soir d'une fièvre légère, et se croyant seul et abandonné de ses amis, il chantait à voix basse le psaume LXXXVIII; Agrippa l'entendit, et ouvrant le rideau :

« Sire, lui dit-il, est-il vrai que l'Esprit de Dieu habite encore en vous?... Vous soupirez à Dieu pour l'absence de vos fidèles serviteurs, et eux sont soupirants pour la vôtre, et travaillent à votre liberté. Mais vous n'avez que des larmes aux yeux, et eux les armes aux mains. Ils combattent vos ennemis et vous les servez.....; ils ne craignent que Dieu, vous une femme, devant laquelle vous joignez les mains quand vos amis ont le poing fermé; ils sont à cheval, et vous à genoux..... Ceux qui ont fait la Saint-Barthélemy s'en souviennent bien, et ne peuvent croire que ceux qui l'ont soufferte l'aient mise en oubli. »

A ces paroles véhémentes, Henri se souvint qu'il était homme et roi. Vingt jours après, il était à cheval à la tête des siens,

C'est de ce moment que date la profonde affection que d'Aubigné porta toute sa vie à Henri IV.

En 1577, d'Aubigné fut chargé d'une négociation aussi délicate que dangereuse, et dont il s'acquitta avec une prudence et une finesse qu'on eût pu croire incompatibles avec son caractère audacieux et emporté. Il réussit à préparer une prise d'armes en faveur de Henri dans plusieurs provinces. Il fut pendant ce temps exposé à des périls aussi grands que ceux qu'il méprisait d'ordinaire sur le champ de bataille. Déjà il avait su échapper aux embûches de Catherine de Médicis. Fervaques et d'autres courtisans, qu'il avait souvent froissés par ses propos, tentèrent plusieurs entreprises sur sa vie, ils surent même tellement indisposer le roi de Navarre contre un censeur importun, que celui-ci, paraît-il, consentit à le laisser poignarder et jeter à la rivière [1]. Le brave capitaine en eut connaissance, il se rendit à la cour de Nérac, et là, devant une nombreuse compagnie, il dit au roi, avec une calme fermeté :

« Vous avez donc pu, Sire, penser à la mort de celui que Dieu a choisi pour instrument de votre vie, service que je ne reproche point, non plus que ma peau percée en plusieurs endroits. Dieu vous veuille pardonner cette mort recherchée. »

Le roi ne sut que répondre et quitta la table; d'Aubigné se retira de la cour afin d'aller encore combattre pour la cause de celui qui avait tenté de le sacrifier à des rancunes de courtisans.

Grièvement blessé dans une des nombreuses

---

1. Cette grave accusation se trouve à la page 44 des *Mémoires* de d'Aubigné, publiés par M. Ludovic Lalanne. Elle n'a été démentie, croyons-nous, par aucun historien. Il est pénible de trouver une tache de plus dans la vie du roi le plus populaire que nous ayons eu.

affaires où l'entraînait sa bouillante ardeur, d'Aubigné, abandonné des chirurgiens, dicta les premières stances de ses *Tragiques*, œuvre étrange, étincelante de sublimes beautés. C'est un long cri de colère contre son siècle, et nous regrettons de ne pouvoir analyser ici ce poëme de onze mille vers, commencé sur un lit de douleur. Nous ne pouvons pourtant résister au désir de présenter l'image qu'il trace de la France déchirée par les guerres intestines de cette époque. On y reconnaîtra l'imagination d'un poëte et le cœur d'un bon Français :

> Je veux peindre la France, une mère affligée,
> Qui est entre ses bras de deux enfants chargée ;
> Le plus fort, orgueilleux, empoigne les deux bouts
> Des seins de sa nourrice ; et à force de coups
> D'ongles, de poings, de pieds, il brise le partage
> Dont nature donna à son besson (jumeau) l'usage.
>
> . . . .
>
> Cette femme éplorée en sa douleur plus forte
> Succombe à la douleur, mi-vivante, mi-morte.
> Elle voit les mutins tout déchirés, sanglants,
> Qui, ainsi que du cœur, des mains se vont cherchants.
>
> . . . .
>
> Adonc se perd le lait, le suc de sa poitrine,
> Puis, aux derniers abois de sa proche ruine,
> Elle dit : « Vous avez, félons, ensanglanté
> « Le sein qui vous nourrit et qui vous a porté :
> « Or, vivez de venin, sanglante géniture,
> « Je n'ai plus que du sang pour votre nourriture. »

Quelle vive peinture, quelle éloquence énergique ! Comme cela exprime bien ce qu'éprouvait le loyal gentilhomme.

Après son rétablissement, d'Aubigné refusa

le commandement que lui offrirent les gens de
Castel-Jaloux, et, reprenant les armes, il s'empara d'un endroit nommé Castelneau de Mau-
mes, voisin de Bordeaux. Trompé par des intri-
gants, ou se laissant dominer par les mauvais
sentiments que trop souvent déjà il avait témoi-
gnés à son fidèle serviteur, Henri de Navarre
désavoua d'Aubigné, malgré l'appui que donnèrent à celui-ci les Églises réformées. Sommée
de rendre la place, la petite garnison qu'on y
avait laissée refusa d'en sortir. Il paraît même
que Henri promit de laisser écraser ses soldats
lorsque l'amiral de Villars vint assiéger Castelneau avec quatorze pièces de canon. Mais d'Aubigné se jeta dans la place avec quelques centaines de soldats. L'amiral catholique, craignant
que ce ne fût l'avant-garde d'un secours attendu,
malgré la promesse faite par le roi de Navarre,
battit aux champs pendant la nuit. Ce qu'il y a
de certain c'est qu'Henri prit cette affaire à tel
« contre-cœur » qu'il envoya sommer Castelneau
qui tenait pour lui. La demande était appuyée
par quatre pièces d'artillerie. La réponse fut
que l'on pouvait en mépriser quatre lorsqu'on
en avait vu fuir quatorze. Peu de temps après,
la paix se fit. En se retirant, d'Aubigné envoya
au roi l'adieu suivant :

« Sire, votre mémoire vous reprochera douze
ans de mon service, douze plaies sur ma poi-
trine ; elle vous fera souvenir de votre prison et
que cette main qui vous écrit a défait les ver-

rous et est demeurée pure en vous servant, vide de vos bienfaits et des corruptions de votre ennemi et de vous : par cet écrit, elle vous recommande à Dieu, à qui je donne mes services passés et voue ceux de l'avenir, par lesquels je m'efforcerai de vous faire connaître qu'en me perdant vous avez perdu votre très, etc. »

Le dessein de d'Aubigné était de vendre ses biens et de s'attacher au service du duc Casimir de Bavière, alors l'espoir de ceux de la religion. Mais en arrivant à Saint-Gelais, près de Niort, il vit Suzanne de Lezay qui devint plus tard sa femme, et son voyage pour lors se termina là.

Il semble que le roi de Navarre se repentit alors de sa conduite envers celui qui l'avait servi ; car, touché des remontrances que lui adressèrent les députés des Églises réformées, il écrivit à d'Aubigné quatre lettres qui toutes furent jetées au feu sans être ouvertes. Mais le mécontentement de ce dernier cessa lorsqu'il apprit que le roi, sur le faux bruit qu'il avait été mis à mort, en avait témoigné un grand deuil.

Henri préparait alors la prise d'armes connue sous le nom de *guerre des Amoureux*. La religion n'était plus qu'un prétexte, et la France fut de nouveau mise à sang pour donner à d'efféminés courtisans l'occasion de déployer une fausse bravoure. Renfermé dans Montaigu, d'Aubigné prit part à presque toutes les sorties tentées pour faire lever le siége de cette ville.

Mais la paix survint, ou plutôt une trêve, et

Agrippa put épouser Suzanne de Lezay en 1583. A quelque temps de là, le roi de Navarre le chargea d'une négociation près d'Henri III pour obtenir réparation des affronts que Marguerite de Valois, sa femme, avait reçus à la cour du roi son frère. Il s'acquitta de cette mission délicate à la satisfaction de son maître.

La guerre se ralluma bientôt, et d'Aubigné s'y fit encore remarquer par son intrépidité habituelle. S'étant emparé de l'île d'Oléron, il y fut bientôt assiégé par Saint-Luc. Les troupes royales, repoussées cinq fois avec perte, s'emparèrent enfin de la position, et d'Aubigné, fait prisonnier, fut condamné à mourir. Il demanda et obtint un congé de quelques jours pour se rendre à La Rochelle; il revenait apporter sa tête à Saint-Luc, son loyal ennemi, lorsque celui-ci l'échangea contre Guiteaux, lieutenant du roi, dont les réformés s'étaient emparés.

Echappé à cette captivité et à la mort, Agrippa retourna à La Rochelle où se trouvait le roi avec les chefs du parti réformé. Il y fut de nouveau en butte à la jalousie de Henri, qu'il accuse d'avoir toujours porté envie à sa réputation de bravoure. Il faut faire naturellement la part de l'humeur passablement querelleuse de d'Aubigné, quand on veut apprécier les jugements qu'il porte sur Henri IV dans ses *Mémoires*. Il est plus impartial et plus juste envers lui dans sa grande *Histoire universelle*. Toutes ces « picoteries » exaspérèrent enfin d'Aubigné. Il résolut d'abandonner le roi. Cherchant un moyen de donner sa vie en rendant un grand service à sa religion, il reconnut que ce serait encore servir Henri. « Le démon, dit-il dans ses *Mémoires*, prenant le temps à cette occasion, me poussa à étudier aux controverses des religions et à chercher si, en la romaine, il se pourrait trouver une miette de salut. »

En apprenant cette résolution, ses anciens ennemis lui envoyèrent les livres de Bellarmin et des autres controversistes catholiques. Agrippa se voua avec son ardeur ordinaire à des recherches et à de consciencieuses méditations, mais le résultat fut tout autre que celui auquel on s'attendait. Il en sortit plus affermi dans sa croyance, et à ceux qui s'enquéraient de sa détermination, il répondit que tout son travail d'esprit avait été vaincu par la prière, « parce qu'il mettait les genoux à terre auparavant. »

D'Aubigné resta ainsi six mois dans ses terres ; mais les instances du roi le vainquirent enfin, et il rejoignit l'armée, où il prit de nouveau part à ces grands faits de guerre qui amenèrent enfin l'entrée d'Henri IV à Paris.

Pendant qu'il était préposé à la garde du cardinal de Bourbon, reconnu roi par la Ligue, sous le nom de Charles X, après l'assassinat de Henri III par Jacques Clément, il fut offert à d'Aubigné une grosse somme d'argent ou le gouvernement de Belle-Ile, pour laisser échapper son prisonnier ; il répondit à l'envoyé :

« La seconde offre serait plus commode pour manger en paix et en sûreté le pain de mon infidélité ; mais ma conscience me suit de si près qu'elle s'embarquerait avec moi quand je passerais dans cette île. »

Après la conversion d'Henri IV, d'Aubigné se retira dans son gouvernement de Maillezais. Ce fut à cette époque que mourut sa femme, qu'il pleura longtemps. Il devint dès ce moment la plus ferme espérance et l'un des meilleurs soutiens du parti huguenot. Malgré l'opposition qu'il fit alors au roi, qui tenait à l'écart ceux qui lui avaient tout sacrifié, excepté leur religion, ce prince lui garda ou plutôt lui rendit son estime. Un jour il le retint seul de sa suite et, en compagnie de la fameuse Gabrielle d'Estrées, Henri et Agrippa se promenèrent pendant deux heures. Ce fut là que fut prononcée cette parole prophétique si connue. L'attentat de Jean Châtel avait eu lieu deux années auparavant ; pendant la conversation, le roi montra la cicatrice qu'il avait à la lèvre. D'Aubigné lui dit hardiment :

« Sire, vous n'avez encore renoncé Dieu que des lèvres, il s'est contenté de les percer ; mais quand vous le renoncerez du cœur, il percera le cœur. »

Henri ne prit point ces paroles en mauvaise part, mais Gabrielle s'écria :

« Oh! les belles paroles, mais mal employées.

— Oui, madame, répondit Agrippa, parce qu'elles ne serviront de rien. »

4.

Dès lors, et durant tout le règne d'Henri IV, nous trouvons toujours d'Aubigné dans les assemblées de « ceux de la religion, » à Vendôme, à Loudun, à Châtellerault et aussi à la fameuse conférence de Fontainebleau qui eut lieu en 1600, entre Du Plessis-Mornay et l'évêque d'Évreux, Du Perron. Il était devenu aussi bon théologien qu'excellent capitaine. Appelé par le roi à cette conférence, Agrippa, puisant ses arguments dans la sainte Écriture, disputa pendant cinq heures, en présence de plus de quatre cents personnes de l'une et de l'autre religion, contre Du Perron qui s'appuyait sur la tradition et sur les Pères. L'évêque fut enfin réduit au silence par ce syllogisme que lui posa le réformé :

« Quiconque est faux en une matière ne peut être juste juge en cette matière. Les Pères sont faux en la matière des controverses, comme il paraît en ce qu'ils se sont contredits, donc les Pères ne peuvent être justes juges en la matière des controverses. »

A la suite de cette affaire, d'Aubigné écrivit un traité malheureusement perdu, auquel Du Perron ne répondit point quoique le roi se fût rendu caution pour lui.

Quelques mois avant la mort d'Henri, d'Aubigné, fort de l'agrément des célèbres ministres Chamier, Dumoulin et Durand, contribua à rompre un projet d'accord entre les deux religions, parce qu'il y soupçonnait un piége tendu par le malheureux prince, qui n'obtint jamais le pardon des jésuites, quoiqu'il eût accepté d'eux un confesseur, le père Cotton. Ce fut encore avec Du Perron, devenu cardinal, qu'eut lieu cette nouvelle conférence. Agrippa proposa à son adversaire de prendre pour bases les constitutions reconnues par l'Église à la fin du ive siècle. Le cardinal demanda quarante ans de plus, afin d'y comprendre le concile de Chalcédoine, qui avait décrété l'élévation des croix.

« Oui, répondit le réformé, pour le bien de la paix nous les mettrons dans le même honneur où elles étaient alors ; mais vous n'oseriez convenir de réduire l'autorité du pape au point où elle était à la fin des quatre siècles, et pour cela nous vous donnerons deux cents ans pour vos épingles. »

Le cardinal parut y consentir et l'on se sépara ; mais l'affaire n'eut aucune suite, sinon que le roi, sollicité de faire mourir d'Aubigné qu'on lui représentait comme un factieux, résolut de le faire enfermer à la Bastille. Les amis d'Agrippa lui conseillèrent d'échapper à la prison par une prompte fuite. Le courageux gentilhomme usa d'un singulier stratagème pour dissiper la colère d'Henri IV. Il l'alla fièrement trouver et lui réclama le prix de ses longs et dévoués services. Le roi, surpris de cette demande, mais ravi de voir enfin en lui des sentiments mercenaires, l'embrassa et fit droit à sa requête en lui accordant une pension. D'Aubigné alla visiter le ministre Sully le lendemain ;

celui-ci le mena voir la Bastille, en lui jurant qu'il n'y avait plus de danger, mais depuis vingt-quatre heures seulement.

Henri IV avait conçu le projet d'abaisser la maison d'Autriche et de porter d'abord la guerre en Espagne en y employant Agrippa, qu'il avait nommé vice-amiral. Mais le poignard de Ravaillac fit avorter ces vastes projets. Lorsqu'on annonça cette mort à d'Aubigné il dut croire que sa prédiction, faite quinze ans auparavant, s'était malheureusement accomplie. Henri avait été frappé au cœur.

Marie de Médicis fut nommée régente, et toutes les assemblées provinciales la reconnurent en cette qualité. Seul dans sa province d'Aubigné soutint que cette élection appartenait aux États généraux et non au Parlement ; néanmoins il fut désigné pour faire partie de la députation chargée d'assurer la reine d'une parfaite soumission, et ses collègues le choisirent pour porter la parole. En cette occasion il dit à la veuve de son maître qu'ils étaient d'une religion en laquelle personne ne pouvait les dispenser de la sujétion qu'on doit aux rois selon la Parole de Dieu. Le chroniqueur l'Estoile rapporte ce fait, qui complète l'idée que l'on peut se former du caractère de d'Aubigné.

Comme représentant du vieux parti huguenot, Agrippa était un homme de la plus haute importance. Marie voulut se l'attacher, afin de le rendre suspect à ses amis. D'Aubigné résista à toutes les séductions. La reine lui offrit une augmentation de cinq mille livres et les plus hautes dignités. Sur son refus on cessa de lui payer la pension qu'il tenait d'Henri IV. Une nouvelle tentative fut faite par un émissaire nommé La Varenne, qui le courtisa si assidûment qu'un seigneur lui demanda un jour ce qu'était allé faire en son logis l'envoyé de la reine qu'on y avait vu entrer douze fois en une journée.

« Ce qu'il fit au vôtre dès la première, répondit le gentilhomme réformé, et ce qu'il n'a su faire au mien en douze fois. »

D'Aubigné eut la gloire de rester constamment pur. Il sacrifia même à son devoir une vieille amitié de trente ans. A l'assemblée politique de Saumur, le duc de Bouillon proposa aux réformés de se dessaisir des places de sûreté qui leur avaient été remises sous le feu roi, et il ajouta « une longue et affectée louange du martyre. »

D'Aubigné l'avait écouté en silence et en contenant l'élan de son cœur. Mais il éclata à ces dernières paroles :

« Monseigneur, s'écria-t-il, oui, le martyre ne se peut élever par assez de louanges ; bienheureux sans mesure qui endure pour Christ ; se préparer au martyre est le fait d'un vrai chrétien, mais y envoyer ou y mener les autres, c'est d'un traître et d'un bourreau. »

Quelques années plus tard, sollicité par ce même duc de Bouillon et par le prince de Condé d'accéder au parti des malcontents que les persécutions de la cour avaient enfin soulevé, d'Aubigné résista longtemps, et finit enfin par se joindre à cette entreprise qui se termina promptement par une amnistie dont lui seul fut excepté. Il se retira dans sa place de Maillezais, qu'il mit en état de défense, et dans la petite île du Doignon, qu'il avait acquise et qu'il fortifia également.

Le prince de Condé suscita bientôt une nouvelle guerre sous le prétexte de soutenir le parti des réformés ; il nomma d'Aubigné son maréchal de camp. Celui-ci n'accepta cette commission qu'au nom des Églises assemblées à Nîmes. Bientôt Condé fit sa paix, frustra son lieutenant d'une somme de seize mille livres qu'Agrippa avait dépensée pour lui dans cette guerre, et étant retourné à la cour, il osa accuser d'Aubigné d'être un ennemi de la royauté et capable, tant qu'il vivrait, d'empêcher le roi de gouverner avec autorité.

Abreuvé de dégoûts, ému par tant d'ingratitude, Agrippa obtïnt des assemblées de La Rochelle, siége du parti réformé, l'autorisation de se dessaisir des commandements de Maillezais et du Doignon, et il les céda pour cent mille francs au duc de Rohan, refusant le double de cette somme que lui avait fait offrir l'ancien favori d'Henri III, d'Épernon, devenu le complice de Marie de Médicis. C'était en 1619.

Rohan et son frère Soubise s'étant ligués avec la reine lorsque celle-ci fit la guerre à son fils, Louis XIII, d'Aubigné, tout en protestant

contre le parti de la veuve d'Henri IV, consentit
à les secourir, parce que les réformés étaient
réduits aux dernières extrémités. Le roi battit
les troupes de sa mère, et d'Aubigné se vit forcé
de chercher un refuge sur la terre étrangère.

Il partit de Saint-Jean d'Angély, et après
avoir traversé la France non sans périls et fati-
gues, âgé de soixante-dix ans, il arriva à Genève le 1er septembre 1620. Il y fut accueilli avec
les plus grands honneurs. Le soin des fortifica-
tions de la ville lui fut confié ; mais là encore il
fut troublé par l'acharnement de ses ennemis.
Un arrêt du parlement de Paris l'avait condamné à avoir la tête tranchée pour avoir fait
des travaux de défense au Doignon. « Cet arrêt,
dit-il, fut le quatrième de mort, rendu contre
moi pour des crimes à peu près de cette espèce,
lesquels m'ont fait honneur et plaisir. » Le but
de l'ambassadeur de France, instrument proposé
à sa ruine, était de le rendre odieux en Suisse.

Un chagrin plus pénible lui était réservé. Ce
fut la défection et les lâchetés de son fils aîné,
qui descendit jusqu'à se faire auprès de lui l'espion de la cour de France. Constant d'Aubigné, père de Mme de Maintenon, laquelle, avec
le petit-fils de Henri IV, devait, soixante ans
plus tard, porter un si terrible coup à la France
par la révocation de l'édit de Nantes, Constant
se lia avec les ennemis d'Agrippa et empoisonna
ainsi les derniers jours d'un des hommes les
plus purs qui aient honoré notre patrie.

Agrippa termina sa glorieuse carrière le 29 avril 1630, à l'âge de soixante-dix-neuf ans, laissant un second fils, Nathan, et deux filles, Marie et Louise. Il avait épousé en secondes noces Renée Burlamacchi, d'une illustre famille de la Toscane.

Son tombeau, élevé par la piété et la reconnaissance de la ville de Genève, se voit encore dans la cathédrale de cette ville, non loin de celui du duc de Rohan, autre illustre réfugié.

D'Aubigné nous a laissé des ouvrages très-estimés ; il fut à la fois guerrier, poëte, négociateur, théologien et historien. « Sa poésie, dit M. Saint-Marc Girardin, est grande et tout extraordinaire, pleine de verve et d'imagination, espèce de satire biblique, et qui respire l'esprit d'Ézéchiel plutôt que l'esprit d'Horace. »

Sa vie si agitée s'éteignit au moins sur une terre libre, aux bords du lac le plus beau du monde ; son dernier regard fixé vers la France, il murmura peut-être cette prière qui termine son *Histoire universelle :*

> O Dieu ! tu m'as, enfant, instruit de tes merveilles ;
> Enfant, j'ai enseigné les cœurs par les oreilles
> A ton saint nom bénir ;
> Ne me retire encor, en ma blanche vieillesse,
> Tant que j'aie achevé d'élever ta hautesse
> Aux siècles à venir !

Imprimerie D. BARDIN, à Saint-Germain.

9 782014 447354